우리 동네 개구리

초판 1쇄 발행 2025년 10월 30일

글 엠마뉴엘 케시르-르프티
그림 세실 베뤼베   **옮김** 김소희
펴낸이 정혜숙   **펴낸곳** 마음이음

책임편집 여은영   **디자인** 김세라
등록 2016년 4월 5일(제2018-000037호)
주소 03925 서울시 마포구 월드컵북로 402, 9층 917A호(상암동 KGIT센터)
전화 070-7570-8869   **전자우편** ieum2016@hanmail.net
블로그 https://blog.naver.com/ieum2018

ISBN 979-11-94494-33-1 73490

Une Grenouille © éditions Gallimard Jeunesse, 2024
authored by Emmanuelle Kecir-Lepetit and illustrated by Cécile Berrubé
Korean translation © Mindbridge Publisher, 2025

이 책의 한국어판 저작권은 시빌에이전시를 통해 저작권사와 독점 계약한 마음이음에 있습니다.
저작권법에 의해 한국 내에서 보호를 받는 저작물이므로 무단 전재와 복제를 금합니다.

어린이제품안전특별법에 의한 제품표시
제조자명 마음이음   **제조국명** 대한민국   **사용연령** 9세 이상 어린이 제품
KC마크는 이 제품이 공통안전기준에 적합하였음을 의미합니다.

우리 동네 개구리

엠마뉴엘 케시르-르프티 글 | 세실 베륄레 그림 | 김소희 옮김

마음이음

우리 동네 연못에는

작은 동물이 많이 있어.

그중에 개구리는 아이들에게 인기가 많지.

우리가 학교에 있을 때 개구리는 무엇을 할까?

무엇을 먹고, 새끼는 어떻게 키울까?

자연에 사는 생명들은 제각각 역할이 있어.

개구리도 연못의 생태계를 지키는 중요한 동물이지.

그런데 도시 개발로 개구리가 살 곳이 많이 사라졌어.

우리 동네에 있는 연못은 개구리의 소중한 보금자리야.

우리, 개구리에 대해 알아보고

개구리를 보호하는 방법도 살펴보자.

화창한 봄날 아침이야.
우리 동네 연못에는 벌이 날아다니고 새들이 지저귀고 있어.
그런데 갑자기 **퐁당!**
어? 누가 물속으로 뛰어들었어.

살금살금 가까이 와 봐. 조금만 더 가까이! 보이니?
이 친구는 아침에 얕은 물가의 물에 몸을 담그고
햇볕 쬐는 걸 좋아해.

초록과 갈색 무늬 몸은 물속에선 잘 안 보여.
부리부리한 눈과 코만 빼꼼 내놓았네.
누군지 알겠니? 그래, 개구리야!
3년째 이 연못에 살고 있지. 개구리 소리가 안 들린다고?
맞아. 암컷 개구리는 개굴개굴 소리를 내지 않아.

어, 꽃잎이 파르르 떨리고 풀잎이 바스락거려.
고양이가 왔나? 아니면 족제비? 혹시 뱀?
개구리는 소리를 듣자마자 뒷다리를 쭉 펴고, 잽싸게 폴짝!
깊은 물속으로 퐁당! 저만치 달아나.

개구리는 수영 선수야.
발뒤꿈치를 딱 붙이고, 뒷다리를 엉덩이까지
바짝 접었다가 재빨리 쭉 뻗어.

와, 앞으로 얼마나 잘 나가는지 봐.
앞다리로는 박자를 맞춰 가며 헤엄을 치지.

발가락 사이에 있는 물갈퀴는 앞으로
쑥쑥 나가도록 도와줘.
금세 위험에서 벗어났네!

휴, 한숨 좀 돌리려고 연잎에 올라앉았어.
개구리는 낮에는 많이 안 움직여.
피가 차가워서 몸을 따뜻하게 하려고 햇볕을 오랫동안 쬐지.

황금빛 커다란 눈으로 날아다니는 벌레들을 지켜보고 있어.
시야가 넓어서 눈동자를 움직이지 않고도
앞, 뒤, 옆에 있는 것을 다 볼 수 있거든.

에구, 불쌍해라! 주위에서 얼쩡대던 파리를
개구리가 눈 깜짝할 사이에 통째로 삼켜 버렸어.
길고 끈적끈적한 혀를 쑥 내밀어서 파리를 휙 낚아채더니
혀를 도르르 말아서 입속으로 꿀꺽!
눈을 지그시 감고서는 씹지도 않은 먹이를
꼬르륵대는 뱃속으로 밀어 넣어.

파리랑 초파리, 잠자리랑 나비, 하루살이랑 물방개 등
개구리는 연못가를 오가는 모든 것을 잡아먹어.
우리를 무는 모기도!

앗, 조심해! 왜가리가 물가로 다가왔어.
왜가리의 긴 부리를 피해서 풍덩!
개구리는 물속 깊이 잠수를 해.
이렇게 한참 동안 물속에 있을 거야.

개구리는 물속에서 피부로 숨을 쉬어.
물안경을 쓴 것처럼 투명한 눈꺼풀을 내리면 물속을 다 볼 수 있지.
새우, 물벼룩 등 조그마한 갑각류 몇 마리를 잡아먹고 나서
바위 틈새 풀숲에서 잠을 자.
그러면 개구리를 노리던 왜가리는 지쳐서
포기하고 돌아가지.

연못에 수컷 개구리들이 왔어.
하나같이 입을 꾹 다물고, 울음주머니를 부풀려서 노래를 시작해.
개굴, 개굴, 개굴!
수컷 개구리들은 밤새도록 목청껏 노래하고 또 노래해.
개굴, 개굴, 개굴!

와, 정말 시끌벅적해!
수컷 개구리들은 누가 더 크게
누가 더 오래 우는지 시합하나 봐.

드디어 찾았다!

암컷 개구리가 올해를 함께할 짝을 골랐어.
몸집이 작은 수컷 개구리는 앞발로 암컷 개구리의 겨드랑이를 꼭 안고 등에 올라타.
암컷 개구리는 수컷 개구리를 며칠 동안 업고 돌아다녀.
그러던 어느 날 밤, 개구리가 알을 낳아.

암컷 개구리는 아주 작고
말랑말랑한 알들을 송이송이 낳아.

수컷 개구리는 알들에 정액을 뿌려 수정시켜.
물 위로 떠 오른 수백, 수천 개의 알들은 동동 떠다니다가
새, 물고기, 물방개, 민물 게에게 잡아먹히기도 하지.
나머지 알들은 물을 듬뿍 머금고
서서히 가라앉아서, 연뿌리나 물풀에 꼭 달라붙어.
이렇게 2~3주가 지나고 나면…….

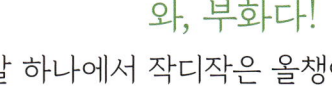

와, 부화다!
알 하나에서 작디작은 올챙이가 태어나.
올챙이는 지느러미가 있는 긴 꼬리와
물고기처럼 숨을 쉬는 아가미가 있어.
올챙이는 물풀을 먹으면서
약 두세 달 동안 천천히 탈바꿈을 해.
뒷다리가 생기고, 앞다리가 생기고
머리는 점점 커지고, 꼬리는 점점 짧아져.
올챙이 시절의 아가미는 사라지고
폐가 발달하지.

야호, 드디어 개구리가 되었네!
꼬리가 조금 남아 있어서 아직 다 성장한 건 아니야.
그래도 이젠 물 밖으로 머리를 내밀 수 있어.
어? 엄마다! 엄마, 안녕!

여름의 끝자락이야. 비 오는 낮이나 습기가 많은 밤에
개구리들은 뿔뿔이 흩어져서 연못가를 돌아다녀.
추워지기 전에 많이 먹어 둬야 하거든.

온 가족이 젖은 풀밭을 폴짝폴짝 뛰어다니면서
메뚜기, 민달팽이, 거미를 배불리 먹어.
채소밭을 망치는 해로운 곤충도 잡아먹지.

세상이 꽁꽁 얼어붙는 겨울이야.
개구리들은 모두 어디로 간 걸까?
돌 밑이나 낙엽 더미, 땅속이나 화분 밑으로
겨울잠을 자러 들어갔어.

개구리들은 먹지도, 움직이지도 않고
아주 조금 숨만 쉬면서 봄이 올 때까지 잠을 잘 거야.
몇몇 개구리는 다른 곳으로 떠났을지도 몰라.
하지만 겨울잠에서 깨어나면 모두가 연못으로 와서
개굴개굴 노래를 부르거나, 예쁜 알을 낳을 거야.

 ## 개구리에 대해 알아보자

개구리는 물과 땅, 양쪽에서 생활하는 양서류야. 양서류는 폐뿐 아니라 피부로도 호흡하기 때문에 연못, 호수, 논, 하천 등 습기가 많은 곳에서 살지.
곤충, 달팽이, 거미, 벌레, 지렁이, 우렁이, 작은 물고기 등 살아 있는 거라면 무엇이든 잡아먹는 먹보야.
수컷 개구리는 짝짓기할 때가 되면 울음주머니를 부풀려서 우는데, 종마다 다른 울음소리를 내. 울음주머니의 모양과 위치도 다양하지. 우리는 4~5월의 밤에 짝을 찾는 수컷 개구리의 울음소리를 들을 수 있어.
개구리는 소리를 잘 듣는데 종에 따라서 겉 고막이 바로 보이거나, 그림의 청개구리처럼 고막이 피부밑에 있어서 겉으로 보이지 않기도 해.
개구리는 전 세계에 살면서 자연 생태계를 순환시키는 소중한 생명체야.

뒷다리가 아주 길고 강해. 긴 다리로 땅에서는 폴짝폴짝 뛰어다니고 물에서는 물갈퀴가 있는 뒷발을 쭉 펴서 헤엄을 치지.

등에는 두 줄기의 짙은 돌출부가 있는데,
여기서 피부를 보호하고 빛나게 하는 끈적끈적한 점액이 나와.

툭 튀어나온 눈은 가로로 긴
눈동자가 있어서 주위를 다 볼 수 있어.
홍채는 대부분 밝은색이야.

입은 둥그스름해.
혀는 끈적끈적하고 길이가
10cm 정도로 길어. 긴 혀로 먹이를
입에 넣는 데 1초도 안 걸리지.

앞다리는 발가락이 네 개이고
청개구리는 발가락 끝에 빨판이 있어.

점점 사라지는 개구리

아스팔트 길이 많이 생기면서 개구리의 숫자가 줄어들고 있어.
연못이나 하천 등 자연 공간이 없어졌거나, 있어도 오염된 곳이 많거든.
우리가 개구리를 보호할 수 있는 방법은 무엇일까?

개구리가 좋아하는 환경은

- 연꽃이 핀 곳을 좋아해. 연잎은 개구리가 가장 좋아하는 자리야.
- 물고기가 없거나 적은 곳을 좋아해. 물고기는 개구리알과 올챙이를 잡아먹거든.
- 여러 곤충들을 불러들이는 꽃이나 식물이 많은 곳을 좋아해.
- 겨울잠을 잘 수 있게 낙엽이나 장작더미가 있는 곳도 좋아해.

개구리를 키우고 싶다면

- 정원이 있다면 개구리를 위한 작은 연못을 만들어.
- 부모님께 정원을 가꿀 때 살충제를 사용하지 말라고 해 줘.
  비가 오면 살충제가 연못으로 흘러들거든.
- 집 안에서 기르고 싶다면 사육용 개구리를 사야 해.
- 물과 물 밖에서 쉴 수 있는 환경을 꾸미고, 온도와 습도를 잘 관리해야 해.

개구리를 만나면

- 개구리가 겁먹을 수도 있으니 뒤따라가지 마.
- 개구리를 손으로 잡으면 안 돼. 선크림을 바른 손으로는 더욱!
  약한 개구리 피부에 선크림이 흡수되면 개구리가 아플 거야.
- 개구리한테 주려고 물속에 음식물을 던지지 마.
  개구리는 네가 먹는 음식에는 관심이 없어.
- 개구리를 집으로 데려가면 절대 안 돼.
  법으로 금지되어 있고, 자기가 살던 곳에서 멀어지면 오래 살지 못해.

글 | 엠마뉴엘 케시르-르프티

할머니한테서 자연을 관찰하는 법을 배웠다.
어렸을 때는 야생 동물과 함께하는 수의사나 탐험가를 꿈꿨지만
사람들과 글로 소통하는 것도 좋아서 작가가 되었다.
작가의 글은 장난스러우면서도 시적이고, 사실적인 내용이 풍부하다.

그림 | 세실 베륄레

스코틀랜드의 작은 마을에 사는 프랑스 일러스트레이터이다.
스코틀랜드 들판을 돌아다니며, 야생 동물과 식물을 관찰하는 것을 좋아한다.
그의 그림은 익숙한 듯 새롭고, 동심의 눈으로 세상의 가치를 잘 나타낸다.

옮김 | 김소희

대학에서 국어국문학을 공부했고, 출판사에서 어린이 책을 만들었다.
그 후 파리 10대학 교육학과에서 어린이와 그림책에 대해서 공부했다.
옮긴 그림책으로는 『눈 오는 날』 『너랑 나랑 뭐가 다르지?』 『언제나 둘이서』
『아기 돼지 삼 형제』 등이 있다.